Un album de la collection *les petits* m

© L'élan vert, Paris, 2007,
www.elan.vert@wanadoo.fr
Dépôt légal octobre 2007,
Bibliothèque nationale.
978-2-84455-106-1
Loi n° 49-956 du 16 juillet 1949
sur les publications destinées à la jeunesse
Imprimé en Italie par Papergraf (Padova)

May Angeli

petit

l'élan vert